# NOTICE NÉCROLOGIQUE

## SUR LE

# GÉNÉRAL COMTE DE MONTEBELLO

PAR

## LE GÉNÉRAL COMTE L. BYSTRZONOWSKI

PARIS
TYPOGRAPHIE GEORGES CHAMEROT
19, RUE DES SAINTS-PÈRES, 19

1877

# NOTICE NÉCROLOGIQUE

SUR

## LE GÉNÉRAL COMTE DE MONTEBELLO

---

Le comte Gustave de Montebello naquit vers la fin de l'année 1804; il était le plus jeune des fils du maréchal Lannes, duc de Montebello et de Siewierz. Les services du maréchal étaient si éminents dans la campagne de 1807, que l'empereur Napoléon lui donna le majorat le plus considérable après celui du maréchal Davoust, son lieutenant militaire dans le grand-duché de Varsovie, à qui il octroya celui du duché de Lowicz. L'empereur Alexandre, qui à cette époque s'efforçait de captiver par tous les moyens l'empereur Napoléon, voulant lui être agréable, décora le maréchal Lannes seul de la croix de Saint-André.

Gustave de Montebello, ainsi que ses autres frères, reçut une éducation brillante, car leur mère, la comtesse de Guéhéneuc, une des dames de l'Empire que le ciel se plut à combler de tous les dons moraux et physiques, et que pour cette raison l'empereur Napoléon nomma dame du palais de sa seconde femme, l'archiduchesse d'Autriche Marie-Louise, avait confié cette éducation à des maîtres tels que Victor Cousin et le savant Patin.

A cette époque, le même esprit qui animait la jeunesse française régnait aussi en Pologne après la chute du duché de Varsovie. Tous ceux qui pouvaient ne pas servir tâchaient de rester en dehors du service. Aussi, lorsque le conseil de famille eut émancipé notre jeune Gustave et que sa mère, déposant ses comptes, lui eut remis les 2 ou 300,000 francs qui lui revenaient, il les plaça dans un pupitre de bois blanc (la maréchale ne permettait aucun luxe à ses enfants), et il lui dit : « Va, tu ne seras plus le dépositaire de mes pensums. » Et en effet il cessa de se préparer à passer son examen afin d'entrer à l'École polytechnique, d'où son frère aîné Napoléon (le duc) était sorti avec le n° 2.

Au lieu donc d'entrer à l'École polytechnique, Gustave de Montebello se mit à voyager, commençant à Vienne par les champs d'Essling, immortalisés par la mort de son père. Le maréchal avait vingt-trois blessures de différents projectiles ; le dernier, un boulet de canon, lui enleva les deux jambes. Aussi, fort longtemps, dans le midi de la France, on chantait une complainte où l'on disait que vainement la Mort avait essayé de s'emparer du maréchal, mais, n'employant que de petits projectiles, elle ne put réussir, car, pour avoir un aussi grand homme, il a fallu fondre exprès un gros, gros boulet.

Le souvenir de la mort de son père fut donc une des raisons pour lesquelles le jeune de Montebello fut accueilli par l'archiduc Charles avec une distinction et une bienveillance toutes particulières. Plus tard, le général de Montebello aimait à citer, parmi les personnes qui étaient pour lui les plus amicales, le prince Venceslas Lichtenstein et son neveu le prince Lichtenstein, marié à Mlle Sophie Potocka. Étant en de pareilles relations avec la première jeunesse autrichienne, Montebello prit avec elle l'engagement, d'après les us de l'ancienne chevalerie, qu'à la première trêve, dans une guerre future, ils déjeuneraient ensemble en bons camarades. Cela n'eut lieu qu'après Solferino.

De Vienne, Montebello parcourut le sud de la Russie, visita Odessa, où il lia des relations amicales avec le gouverneur général comte Woroncoff. Ensuite il alla à Moscou et y assista au couronnement de l'empereur Nicolas ; enfin il revint en France, passant par Cracovie ; c'est à cette date que remonte ma première connaissance avec lui.

A son retour à Paris, il y trouva les préparatifs de l'expédition d'Alger. Il comprit alors que lui, n'étant occupé de rien, avait des devoirs vis-à-vis de son nom et qu'il ne lui était pas permis de mener une vie oisive au moment où s'offrait une occasion de servir, non une famille ou un gouvernement, mais son pays, mais sa patrie. Une fois qu'il se fut fait ce raisonnement et acquis cette conviction, rien ne put l'ébranler, ni prières ni conseils, et Montebello s'engagea, dans un des régiments d'infanterie, destinés à faire l'expédition, comme simple grenadier. Sans entrer dans les détails de cette campagne, il suffit de faire cette remarque, que l'armée française, généralement se gardant mal, est sujette à des paniques de nuit. C'est ce qui arriva au camp de Staouli, où l'on se fusilla réciproquement.

Le soldat du troisième rang de la file de Montebello cassa la tête à son voisin de gauche, dont la cervelle resta le reste de la nuit sur son soulier. Depuis, Gustave éprouva de la répugnance pour les cervelles.

Nommé sous-lieutenant à Alger, il revint à Paris, où Louis-Philippe était déjà sur le trône. Pour bien se rendre compte de la force de routine et d'inertie des bureaux, il est nécessaire de citer ce fait. Trouvant que Montebello n'avait pas servi le temps prescrit par la loi pour être nommé officier, bien qu'en temps de guerre ce temps ne soit pas fixé, les bureaux demandaient que son grade ne fût pas reconnu ; mais le ministre de la guerre, le maréchal Soult, déchirant la proposition faite à ce sujet et la jetant par terre, dit : « Et c'est moi qui devrais rayer des contrôles de l'ar-« mée le fils du maréchal Lannes ! jamais ! »

Nous savons avec quelle rapidité à cette époque marchaient en Europe les événements. C'était un feu d'artifice continuel, non de révolutions, mais d'insurrections nationales. Celui qui a dit que la révolution est le droit le plus sacré a proféré un mensonge, mais qui aurait l'audace et la mauvaise conscience de soutenir qu'une insurrection nationale n'est pas le plus saint des devoirs pécherait gravement contre la patrie.

Dès qu'arriva à Paris la nouvelle que Varsovie s'était soulevée, immédiatement Montebello décida en lui-même d'aller combattre pour la Pologne. Il se trouvait cependant dans une position difficile : il ne voulait faire connaître son projet à personne, pour être sûr de la réussite de son entreprise ; mais, étant à l'armée, il ne pouvait pas partir sans une autorisation. Il se décida à s'adresser au général Pelet, directeur au ministère de la guerre et ancien chef d'état-major du maréchal Masséna, demandant de lui faire accorder un congé de quelques mois pour affaires fort urgentes. A cette demande, le général irrité répond, avec violence, qu'il est étonné de ce que Montebello ne comprend pas ce qu'il doit à son nom, et combien il lui manque en demandant un congé au moment où tout s'arme. Piqué par ces paroles, Gustave avoue tout son dessein. Alors le général, avec une vivacité juvénile, se jette à son cou : « Vous faites bien, c'est votre « devoir ; demain vous aurez votre autorisation. »

A l'aide des banquiers, sous le nom de M. Le Chat, notre Gustave traversa l'Allemagne ; ce n'est qu'à Berlin qu'il éprouva quelques difficultés, qui l'y retinrent toute une semaine. Depuis, le banquier qui lui avait rendu de véritables services fut même molesté, parce que les journaux de Varsovie, avec la légèreté qui distingue la presse en des moments de crise, avaient annoncé : « M. Le Chat est arrivé à Varsovie ; mais c'est le « comte de Montebello, le fils de l'illustre maréchal-« duc de Montebello. » Il avait apporté 20,000 francs en or, cousus dans un gilet par sa mère vénérée, dont il fit offre à la Pologne. Il en garda la quittance du gouvernement national parmi ses plus chers souvenirs. Aussitôt il entra dans l'armée polonaise et fut adjoint à l'état-major du général Szydlowski. Dans une rencontre où, à la tête d'un escadron de lanciers, il chargeait, avec le lieutenant d'état-major Baranowski, l'infanterie russe en retraite, cette infanterie fit feu, le cheval de Montebello resta sur place, Baranowski entra dans le carré, où il fut tué à coups de baïonnettes; les lanciers se replièrent, les Russes continuèrent leur retraite, et Montebello, à pied, put rejoindre les siens; c'est à cette occasion qu'il fut décoré de la croix militaire polonaise.

Lorsque l'armée polonaise se porta sur Bolimow, on fit des reconnaissances de nuit, en vue de la bataille qui devait se livrer; Montebello fut chargé d'une de ces reconnaissances, pour visiter les postes, sur toute la ligne de l'armée. Le général en chef Skrzynecki étant remplacé par le général Krukowiecki, tout l'état-major passa sous ses ordres : Gustave de Montebello en fit partie. C'est à cette circonstance qu'il dut d'avoir accompagné les généraux Krukowiecki et Prądzynski à la conférence avec le maréchal Paszkiewicz, avec le comte Georges Sobolewski, sous les ordres du colonel Breanski, chef d'état-major du président du gouvernement. C'est de cette entrevue que Montebello emporta l'impression que le général Krukowiecki simulait une colère qu'il n'éprouvait pas, car il était d'accord sur la reddition de la ville. C'est encore Montebello qui introduisait le général russe Danenberg à Varsovie. Il se plaisait à raconter plus tard qu'après lui avoir fait bander les yeux, il lui faisait faire différents détours simulant des passages de barricades. Le second jour de l'assaut, un boulet vint tuer sous lui son cheval. Telle est la fin de ses actions militaires en Pologne.

Avec plusieurs camarades polonais, les comtes Léon Rzewuski, Zdzislas Zamoyski, Stanislas Malachowski, Montebello fut interné à Breslau. Ils vivaient ensemble, et fort économiquement, leurs bourses, très-peu garnies, suffisant à peine à leur modeste entretien. Montebello avait même décidé de se rendre à pied en France, lorsqu'un jour entre à l'hôtel un garçon de caisse qui annonce que sa maison de banque a un billet de 10,000 francs à l'ordre du comte de Montebello. Aussitôt qu'il eut son argent, il acheta une carriole et partit en poste pour Paris. Il racontait plus tard que son grand plaisir était, au passage de chaque frontière, de voir les douaniers embarrassés, ne trouvant pas d'effets, et ne comprenant pas qu'on pût voyager en poste sans aucun bagage, cherchant alors la solution de cette énigme dans l'intérieur même de la carriole.

A son retour en France, Montebello fut réintégré comme sous-lieutenant dans un régiment de cavalerie légère destiné, sous les ordres du maréchal Gérard, à faire le siége de la citadelle d'Anvers. A part les fatigues de la guerre, il eut fort peu de dangers à courir, car, comme on voulait localiser la guerre, ce siége présenta la singulière anomalie de faire de la cavalerie une arme tout à fait inutile. Il en fut tout autrement lorsque Montebello entra comme lieutenant dans les spahis de la province d'Oran. C'était l'apogée de la puissance d'Abd-el-Kader, aussi Montebello eut-il plusieurs rencontres fort vives avec les Arabes, surtout celle de Tem-Salmet, où, sur cinquante-quatre hommes, il en eut dix-neuf de tués ou de blessés.

Revenu capitaine en France, Montebello présenta à maintes reprises, à la grande chancellerie de la Légion d'honneur, la demande pour être autorisé à porter la croix militaire de Pologne : jamais il ne lui fut répondu. Montebello ne l'en porta pas moins toujours, mais sous l'uniforme. Il arriva qu'un jour, à un bal à la Cour, le duc d'Orléans questionnant Montebello sur différents détails de la guerre de Pologne, ayant appris qu'il était décoré de la croix militaire, exprima le désir de la voir. Alors Montebello, la sortant de dessous son uniforme, apprit à l'héritier du trône pourquoi il la portait ainsi. Ce noble prince lui dit : « J'eusse été « heureux de l'avoir méritée. » Depuis ce moment, Montebello unit le ruban de France avec celui de la Pologne, et ne porta toute sa vie que ces deux décorations, malgré qu'il en possédât beaucoup d'autres.

Le comte de Montebello passa successivement par tous les grades. En 1851, au moment où le prince Napoléon, président de la République, devait passer la mémorable revue de Satory, Montebello y vint comme colonel avec son régiment. Il y eut une discussion assez vive entre les généraux et les chefs de corps sur la question de savoir si les troupes devaient ou non accueillir le président par des vivats. Montebello se prononça nettement, annonçant qu'il ferait crier ses soldats, ne considérant pas ces cris comme une mesure de discipline militaire, mais comme un moyen de raffermir l'ordre public fortement ébranlé. Le bruit de cette discussion arriva aux oreilles du prince président ; il invita le colonel à venir le trouver, et, après une longue conversation et un assez long silence qui la suivit, le prince lui dit : « Que ne pourrait-on faire en « France avec un pouvoir centralisé ? Délivrer l'Italie, « peut-être rétablir la Pologne ! »

Il est encore nécessaire de rendre compte du fait

suivant, car il est aussi honorable pour Napoléon que pour Montebello. Le premier était élu empereur et venait de se marier, le second était son aide de camp. L'empereur, sachant que dans la famille Montebello on ne désirait pas que sa femme (née comtesse de Villeneuve-Bargemont) devînt dame d'honneur de la nouvelle impératrice, lui en fit lui-même la demande. Ému, il répondit immédiatement : « Sire, ma femme sera « dame d'honneur, car mon dévouement sera toujours « entier. » L'empereur, le prenant par la main, dit : « *Et mon amitié toujours entière.* »

On connaît les difficultés que l'Empire eut à traverser à son début pour se faire admettre dans le concert européen. On faisait même valoir jusqu'à la décision du congrès de Vienne, qui excluait à jamais la famille Bonaparte du trône de France, mais il y avait encore d'autres raisons qui motivaient ce mauvais vouloir. Le conseil du nouvel empereur comptait des hommes assez ardents pour préconiser la conquête de la Belgique. Cette idée était même assez avancée, et l'empereur n'y renonça que pour ne pas se brouiller avec l'Angleterre. Ce désir de faire vivre en paix deux nations jusqu'alors antipathiques, faisait dire un jour à Montebello que l'empereur, comme un habile prestidigitateur, s'appliquait à faire vivre en paix les chiens et les chats. Pour dissiper toute idée hostile à l'égard de la Belgique, l'empereur, étant au camp de Saint-Omer, désirait beaucoup que le roi Léopold vînt l'y voir. A cet effet, il envoya à Bruxelles le général de Montebello. Le roi se trouva fort embarrassé, ne voulant pas mécontenter son puissant voisin ni sortir de l'attitude réservée que gardaient les autres souverains. Enfin, cédant aux raisonnements comme à la courtoisie du général de Montebello, le roi Léopold se décida à la démarche qu'on lui demandait, se réservant seulement un complet incognito. Inutile d'ajouter que, comme il n'était pas de l'intérêt de la France qu'il fût gardé, aussitôt que le roi des Belges eut franchi la frontière, il fut reçu avec tous les honneurs dus à son haut rang.

Cependant les événements politiques de l'Europe marchaient avec une grande rapidité, et après la célèbre conversation de l'empereur Nicolas avec l'ambassadeur anglais S. H. Seymour *sur le malade se mourant*, et la visite à Constantinople du prince de Mentschikoff, la guerre en Orient semblait près d'éclater. Alors, un des Polonais qui se trouvait à Constantinople, et qui était un ami personnel de Montebello, lui écrivit pour qu'il demandât à l'empereur un envoi d'armes afin d'organiser une légion polonaise. Montebello répondit : « La chose n'est pas possible, la « guerre n'est pas déclarée. Patientez, pour que nous « nous prenions à bras-le-corps avec le colosse du « Nord. » Mais ce Polonais avait fait la même demande, par le même courrier, à M. Cintrat, directeur politique, homme aussi éminent par le cœur que par sa haute intelligence, et qui en fit part au ministre des affaires étrangères, M. Drouyn de Lhuys. Celui-ci la soumit à l'empereur, qui ordonna immédiatement l'envoi de deux mille fusils, et leur remise par son ambassadeur, le général comte Baraguey-d'Hilliers. L'organisation de cette légion ne put avoir lieu, l'ambassadeur anglais, lord Redcliff, s'y étant opposé.

Les négociations suivaient une marche laborieuse en Angleterre, pour arriver à une alliance entre cette puissance et la France contre la Russie. Le cabinet anglais, et surtout lord Aberdeen et lord Palmerston ne pensaient pas que la chose fût opportune ; ils ne croyaient pas à la possibilité d'une guerre. On peut supposer que le succès obtenu dans la mission de Bruxelles était encore présent dans l'esprit de l'empereur, car il s'empressa d'envoyer le général de Montebello, sous prétexte d'assister aux manœuvres du camp de Chabam, en mission extraordinaire. Le général comte de Montebello fut accueilli par la reine et toute l'aristocratie anglaise, non-seulement avec distinction, mais avec une faveur si particulière que le comte Walewski, alors ambassadeur à Londres, crut devoir en faire une mention spéciale à son gouvernement. Le général de Montebello, par son voyage et ses relations, connaissant parfaitement la Russie et les Russes, ne se faisait aucune illusion sur les croyances pacifiques des ministres anglais, et annonçait hardiment qu'on n'éviterait pas la guerre, ce qui lui était contesté. Enfin, lorsque les événements donnèrent raison aux assertions du général de Montebello, que l'alliance anglo-française fut signée, que les deux flottes mouillèrent dans la baie de Beicos, la reine Victoria vint à Paris avec ses ministres. C'est alors que lord Palmerston, dans le salon de M. Drouyn de Lhuys, rendit hautement justice au jugement, à la perspicacité du général de Montebello, qui, malgré tout ce qu'on lui disait, n'a jamais varié dans son opinion, qu'on aurait la guerre. « Oui, monsieur le « ministre, dit-il en terminant, il faut l'avouer, le

« général a mieux vu, mieux jugé que nous autres
« diplomates. »

La mort fatale du maréchal de Saint-Arnaud ayant rendu infructueuse la victoire de l'Alma, et le siége de Sébastopol traînant en longueur au milieu d'un hiver rigoureux, l'empereur, pour remonter le moral du soldat, envoya à l'armée d'Orient le général de Montebello avec des instructions, des encouragements et des secours. Montebello eut à cette occasion deux mérites : le premier, celui de signaler au général Canrobert, alors commandant en chef de l'armée, que son chef d'état-major, le général Trochu, était hostile à l'empereur, ce qui lui fit perdre cet emploi ; le second mérite était bien plus important, car, de retour à Paris, il démontra à l'empereur et au maréchal Vaillant, alors ministre de la guerre, que le véritable point d'attaque de Sébastopol était le bastion de Malakoff. A la suite de ce raisonnement, le général du génie Niel fut envoyé sur les lieux et confirma complétement l'avis du général de Montebello.

En 1859, la guerre d'Italie éclata, et le général de Montebello, attaché à l'état-major de l'empereur, la fit dans son cortége. Pendant la traversée de Toulon à Gênes, profitant du moment où il se promenait sur le pont seul avec l'empereur, Montebello lui soumit ses vues sur la campagne qui allait s'ouvrir. Il supposait que les Autrichiens devaient croire que les Français, répétant la manœuvre du premier consul, se dirigeraient sur Stradella pour surprendre le passage du Pô. L'avis de Montebello était donc d'établir la ligne de bataille de manière à pouvoir la ployer rapidement sur son aile gauche, passer le Tessin et jeter toutes les forces françaises sur la rive gauche de cette rivière. Il est probable que l'empereur avait la même idée, puisqu'il demanda à Montebello de n'en parler à personne, et que le mouvement tel qu'il a été esquissé a été exécuté ; ce n'est que la perte intempestive de trois journées à Novare qui priva l'armée française des avantages stratégiques de la victoire de Magenta.

Après celle de Solferino et la paix conclue à Villafranca, Venise ne devenant pas partie intégrante de l'unité italienne, cette nation, aussi vive, intelligente que nerveuse et impressionnable, passa d'une extrémité à une autre. Milan, après Magenta, avait acclamé l'empereur comme un sauveur, elle porta les Français sur ses bras, mais après Villafranca, elle les maudissait ; elle eût peut-être fermé ses portes, si une nouvelle division venant de France n'eût maintenu l'ordre dans la ville. Cette division avait été envoyée par le maréchal Randon, ministre de la guerre, sur les instances pressantes du général de Montebello, annonçant au maréchal que l'armée avait un besoin urgent de renforts. Ces preuves réitérées de la prudence, de la prévoyance, de la perspicacité du général de Montebello, de son sens droit et de son jugement sûr, témoignent combien le maréchal Canrobert a eu raison de s'étonner de n'avoir pas vu Montebello arriver au rang suprême auquel la nature semblait l'avoir destiné par les qualités guerrières qu'elle lui avait données.

Le général de Montebello développa toutes ces qualités, bien que sur une plus petite échelle et dans une position beaucoup moins difficile, puisqu'elle était pacifique, pendant son commandement de cinq ans à Rome. D'abord, comme toute partie d'une armée forme un tout, à commencer par le peloton, qui représente son régiment, de même la garnison française, composée de deux divisions, était une armée, exigeant cet ordre, cette énergie, ce jugement et cette perspicacité qui sont indispensables partout où il s'agit de conduire des hommes. Dans aucun corps d'armée français il n'y a eu moins de punitions disciplinaires que dans les deux divisions françaises en garnison dans les États du souverain pontife. C'est une preuve certaine, non-seulement que la troupe est bien disciplinée, mais que le commandement y est intelligemment exercé. Souvent les étrangers croyaient que la garnison française de Rome était une portion d'élite de son armée. On doit ajouter encore que, dans les circonstances actuelles, la position était de beaucoup plus difficile : les Français se trouvaient dans un pays dont le souverain leur était bienveillant, mais la population, surtout le gouvernement, leur étaient hostiles, quoique d'une manière occulte; le ministre de la guerre, M$^{gr}$ de Mérode, était violent et audacieux à cause de sa faiblesse, tout cela augmenté encore de la difficulté que les officiers inférieurs et les soldats romains, pour la plupart des Français, étaient des ennemis de l'empereur. De l'autre côté, les soldats italiens, bien que disciplinés, étant presque traités en ennemis par les soldats romains, donnaient au général français beaucoup de difficultés. On ne mentionne ici que les raisons principales, quoiqu'il y en eût beaucoup d'autres, de moindres, mais toujours fort difficiles à vaincre. Le général de Montebello sut les maîtriser bien plus par son tact que par l'emploi de la force.

La conduite du général de Montebello, sous le rapport politique, n'était pas moins exemplaire que sous le rapport militaire. Connu à la cour impériale pour son caractère indépendant et le courage civil de dire à l'empereur même une chose qui pouvait lui déplaire, il avait la même franchise dans ses secrets entretiens avec le saint-père. Après l'évacuation de Rome par les Français, le général de Montebello, encouragé par l'empereur, publia une brochure anonyme sous le titre : *la Papauté et l'Italie.* Elle renferme en grande partie le résumé des entretiens que le pape écoutait avec bienveillance et faveur. Il est permis de supposer même que, si ces avis eussent été mis en pratique, Rome fût devenue la capitale morale de l'Italie et n'en aurait pas moins possédé son intégrité efficace. Ce qui est exprimé ici en bloc paraîtra, il faut l'espérer, en détail: pour que le public puisse rendre une justice méritée au général, il faut que sa correspondance intime avec l'empereur pendant son commandement à Rome soit publiée. A maintes reprises, surtout après la mort de l'empereur, le général avait été sollicité par ses amis de faire imprimer cette correspondance, mais il s'y est refusé toujours, tant lui répugnait tout ce qui pouvait paraître ressembler à de la vanité ; dans cette âme noble, il n'y avait rien de petit. Et en effet, ce cœur vraiment chevaleresque était doué de toutes ces qualités qui font que, tout en étant considéré et respecté, elles forcent les hommes des classes supérieures ou inférieures à lui obéir comme à l'aimer. Montebello, tendre par nature, facile à s'attendrir, était inébranlable dès qu'il s'agissait d'une chose grave, de sa conviction. Plein d'une douce tendresse pour sa femme, et d'une aimable bienveillance pour la mère de celle-ci, toute leur influence, celle de tout son état-major venaient se briser contre la conviction du général, contre ce qu'il regardait comme l'honneur du drapeau. C'est ce qui eut lieu lorsqu'une fois il lança un ordre du jour par lequel il blâmait sévèrement le gouvernement romain. Le ministre de la guerre, le maréchal Randon, dont on disait que, bien que calviniste, il était plus bienveillant pour le clergé que les ministres catholiques, parce que sa femme était sous l'influence des jésuites, blâma le général de Montebello. L'empereur prit connaissance de l'affaire, et, reconnaissant qu'il ne s'agissait pas d'une mince question de vanité, mais de la dignité de l'armée, non-seulement ne rappela pas le général de Montebello, mais il le décora alors de la grand'croix de la Légion d'honneur.

Lorsque la guerre de 1870 se préparait, le prince Napoléon, afin d'obtenir l'alliance de l'Italie, — la France devait avoir pour alliés l'Autriche, l'Italie et le Danemark, — obtint de l'empereur que la garnison française évacuât Rome en 1866; le général de Montebello revint alors en France et fut honoré de la dignité de sénateur de l'empire. Mais la loi sur l'ancienneté vint bientôt mettre fin à la carrière militaire du général de Montebello, le plaçant dans le cadre de réserve des généraux de l'armée.

Le général de Montebello laisse un fils qui porta le fanion du maréchal Canrobert pendant la guerre de

1870, et qui obtint sur le champ de bataille la médaille militaire. Du reste, ce nom illustre n'est pas près de s'éteindre, car l'armée française avait sous ses drapeaux, pendant la dernière guerre, neuf Montebello, dont deux obtinrent la croix d'officier de la Légion d'honneur, et deux celle de chevalier. Une armée qui compte dans ses rangs tant de dépositaires des traditions de patriotisme et de dévouement dont le maréchal Lannes est le héros légendaire, peut être sûre de se relever de ses désastres.

Le général comte L. Bystrzonowski.

ÉTATS DE SERVICE DU GÉNÉRAL DE MONTEBELLO.

## LANNES DE MONTEBELLO

### GUSTAVE-OLIVIER

Fils de Jean et de Louise-Antoinette Scholastique Guéheneuc ; né le 4 décembre 1804, à Paris; marié le 18 janvier 1847 à mademoiselle Marie-Mathilde-Roseline-Adrienne de Villeneuve-Bargemont.

Engagé volontaire au 21$^e$ régiment de ligne, le 9 mai 1830.
Caporal, le 21 juin 1830.
Sergent, le 7 juillet 1830.
Sous-lieutenant provisoire, le 8 septembre 1830.
Confirmé dans ce grade, le 26 décembre 1830, pour prendre rang de sa nomination provisoire.
Passé au 9$^e$ régiment de chasseurs à cheval (devenu 4$^e$ régiment), le 6 janvier 1831.
Lieutenant, le 9 janvier 1833.
Capitaine, le 31 juillet 1836.
Passé aux spahis réguliers d'Oran, le 27 avril 1838.
Chef d'escadrons au 2$^e$ régiment de lanciers, le 28 juillet 1840.
Passé au 4$^e$ régiment de chasseurs, le 8 octobre 1840.
Passé au 4$^e$ régiment de lanciers, le 29 novembre 1840.
Lieutenant-colonel du 5$^e$ régiment de dragons, le 14 avril 1844.
Colonel du 7$^e$ régiment de chasseurs, le 23 février 1847.
Général de brigade disponible, le 22 décembre 1851.
Aide de camp du prince président de la République, le 17 février 1852.
Commandant la 3$^e$ brigade de la division de cavalerie de réserve de l'armée de Paris, le 15 août 1853.
Commandant la brigade de cavalerie de la garde impériale, le 1$^{er}$ mai 1854.
Envoyé en mission en Orient, le 23 novembre 1854.
Commandant les troupes de la garde impériale stationnées en France, le 1$^{er}$ mai 1855.
Inspecteur général, pour 1855, des troupes d'infanterie et de cavalerie de la garde impériale, le 13 juin 1855.
Général de division de la garde impériale, le 28 décembre 1855.
Aide de camp de l'empereur, le 4 janvier 1856.
Commandant la division française à Rome, le 28 mai 1862.
Inspecteur général, pour 1863, du 25$^e$ arrondissement d'infanterie, le 13 mai 1863.
Inspecteur général, pour 1866, du 24$^e$ arrondissement d'infanterie, le 2 mai 1866.

— 19 —

Rentré en France, par suite de la dissolution de sa division, le 19 décembre 1866.
Sénateur, le 5 janvier 1867.
Commandant la division de cavalerie de la garde impériale, le 9 janvier 1867.
Inspecteur général, pour 1867, du 1er arrondissement de cavalerie, le 17 avril 1867.
Inspecteur général, pour 1868, du 1er arrondissement de cavalerie, le 8 avril 1868.
Inspecteur général, pour 1869, du 1er arrondissement de cavalerie, le 5 mai 1869.
Placé dans la 2e section (réserve), à dater du 5 décembre 1869 (conserve ses fonctions d'inspecteur général jusqu'au 31 décembre 1869).
Aide de camp de l'empereur, le 31 juillet 1870.
A cessé ses fonctions et replacé dans la réserve, le 4 septembre 1870.
Décédé à Blosseville, près Honfleur (Calvados), le 29 août 1875.

### CAMPAGNES :

1830, en Afrique ; 1832 au 4 janvier 1833, en Belgique ; 1838 à juillet 1840, en Afrique ; du 26 novembre 1854 au 6 janvier 1855, en Orient ; a reçu la médaille de S. M. la reine d'Angleterre ; 1859, en Italie ; a reçu la médaille d'Italie ; du 18 juin 1862 au 19 décembre 1866, à Rome.

**Cité** à l'ordre de la division d'Oran pour sa belle conduite au combat de Temsalmet, près Misserghin, le 12 mars 1840.

### DÉCORATIONS :

Chevalier de la Légion d'honneur, le 21 mai 1843.
Officier        —        le 2 mai 1850.
Commandeur     —        le 10 août 1853.
Grand-officier  —        le 25 juin 1859.
Grand-croix     —        le 2 septembre 1864.

Autorisé à accepter et à porter :

Par décret du 6 décembre 1853, la décoration de commandeur de l'ordre des SS. Maurice et Lazare de Sardaigne.
Par décret du 28 décembre 1863, la décoration de 1re classe de l'ordre pontifical de Pie IX.
Par décret du 12 août 1864, la décoration de grand-croix de l'ordre de N.-D. de Guadelupe *.

---

* Il était chevalier de la croix militaire de Pologne, qu'il a toujours portée sans y être autorisé ; grand-croix de l'Aigle-Blanc de Pologne ; grand-croix de l'Aigle-Rouge de Prusse : jamais il n'a porté ces deux décorations.

Typographie Georges Chamerot, rue des Saints-Pères, 19.    6361

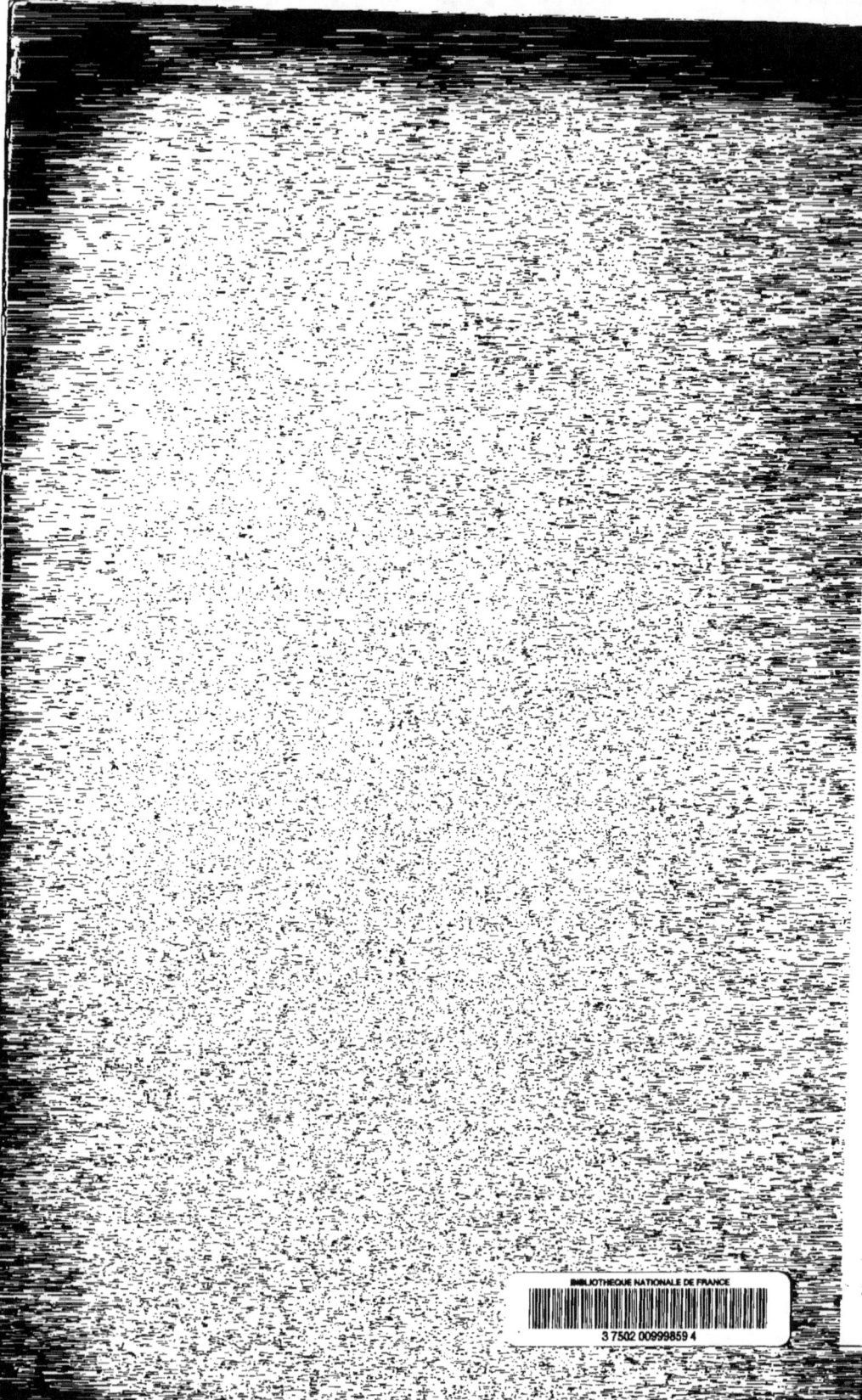

www.ingramcontent.com/pod-product-compliance
Lightning Source LLC
Chambersburg PA
CBHW060917050426
42453CB00010B/1782